Tener la palabra
Besser Spanisch sprechen

Lernwortschatz für die
mündliche Kommunikation

Christoph Wurm

Ernst Klett Sprachen
Stuttgart

1. Auflage 1 10 9 8 7 6 | 2027 26 25 24 23

www.klett-sprachen.de

Autor: Christoph Wurm
Teilweise basierend auf Ideen von Dr. Rolf Giese, Eckhard Schroeder

Redaktion: Simone Roth
Gestaltung und Satz: Satzkasten, Stuttgart
Umschlaggestaltung: Sandra Vrabec
Druck und Bindung: Elanders GmbH, Waiblingen

Printed in Germany
ISBN 978-3-12-526812-8

9 783125 268128

Lernen mit *Tener la palabra – Besser Spanisch sprechen*

Wer?

Neben *Tener la palabra – Lernwortschatz zur Textarbeit* tritt jetzt *Tener la palabra – Besser Spanisch sprechen*, ein Lernwortschatz zum mündlichen Sprachgebrauch. Das Buch wendet sich an alle Benutzer des Spanischen – Lernende wie Lehrende.

Es umfasst alltägliche Gesprächssituationen im privaten Bereich, die geschäftliche Kommunikation in unmittelbaren Begegnungen oder am Telefon, professionell vorbereitete Präsentationen, die Leitung von Diskussionsrunden und auch die gezielte Vorbereitung von Bewerbungsgesprächen und mündlichen Prüfungen in Schule und Hochschule.

Tener la palabra – Besser Spanisch sprechen ist daher eine praktische und benutzerfreundliche Hilfe für

- das allgemeine Auffrischen und Vertiefen des gesprochenen Spanisch,
- den konkreten Gebrauch im spanischsprachigen Ausland,
- den Umgang mit spanischsprachigen Gästen im deutschen Sprachraum,
- den zielgerichteten Gebrauch im internationalen Geschäftsbereich,
- die Anwendung im schulischen Unterricht bereits ab der Sekundarstufe I,
- die ausführliche Vorbereitung auf mündliche Prüfungen.

Was?

Tener la palabra – Besser Spanisch sprechen enthält – nach zentralen Kompetenzen geordnet – die wichtigsten ca. 1500 Vokabeln, Ausdrücke und Wendungen, die zur aktiven Gestaltung verschiedener mündlicher Kommunikationssituationen benötigt werden. Die Gliederung orientiert sich an gängigen Gesprächskonstellationen und erleichtert zielgerichtetes Lernen in übersichtlichen, in sich geschlossenen Einheiten.

In der modernen Fremdsprachendidaktik ist die mündliche Kommunikation von grundlegender Bedeutung. Klassenarbeiten und Klausuren werden verstärkt durch mündliche Prüfungen ersetzt. Speziell der Vorbereitung und Durchführung von mündlichen Prüfungen ist daher ein ausführliches Kapitel gewidmet. Es basiert auf den aktuellen Lehrplänen der ausgehenden Sekundarstufe I und orientiert sich an den neuen kompetenzorientierten Vorgaben für das Zentralabitur. Einen genaueren Einblick in die konkrete Durchführung von mündlichen Prüfungen geben modellhafte Beispiele.

Wie?

Tener la palabra – Besser Spanisch sprechen eignet sich sowohl für den Einsatz im Unterricht als auch zum gezielten Selbststudium. Ferner ist das Buch ein nützlicher Begleiter bei Reisen ins spanischsprachige Ausland sowie eine praktische Hilfe bei verschiedenen internationalen Begegnungen.

Das Lernen und Anwenden des Sprachmaterials erfolgt in einfachen und klaren Schritten. Jede Seite ist zweigeteilt: In der linken, breiteren Spalte werden die Vokabeln und Redewendungen im Satzzusammenhang präsentiert, der spanische Lernwortschatz ist dabei fett gedruckt. Rechts befinden sich die deutschen Übersetzungen des Lernwortschatzes. Die Einbettung in Satzstrukturen dient dazu, Fehler bei der Anwendung von Begriffen und Wendungen zu vermeiden.

Die Info-Kästchen bieten Hinweise auf Besonderheiten der spanischen Umgangssprache.

Audiomaterial

Für das gezielte Üben der korrekten Aussprache bietet *Tener la palabra – Besser Spanisch sprechen* spezielles Audiomaterial, das von Muttersprachlern präsentiert wird. Um die Audiodateien abzurufen, scannen Sie einfach den QR-Code der jeweiligen Seite und hören Sie sich die Beispieldialoge an oder laden Sie sie herunter. Alternativ können Sie den Code, den Sie unter dem QR-Code sehen, auf www.klett-sprachen.de in das Suchfeld eingeben. Sie werden dann auf die ‚*Tener la palabra – Besser Spanisch sprechen –* Audio Online' Seite geleitet. Dort können Sie sich die Dateien anhören oder herunterladen.

Anhang

Die beiden Register am Ende des Buches (Spanisch und Deutsch) ermöglichen das rasche Auffinden von Vokabeln und Redewendungen.

Índice

Abkürzungen

col. – coloquial
etw. – etwas
jdm – jemandem
jdn – jemanden

1 Participando en conversaciones cotidianas – An Alltagsgesprächen teilnehmen

9z5p7j

Hola, Marisol, ¿cómo estás?

Muy bien, ¿y tú?

Bien también. ¿Vamos de tiendas?

Claro que sí.

(En la tienda:)
Mira, ¡qué bonita es esta blusa! ¿Qué te parece?

No, esa no es de mi estilo.

¿No te gusta?

Bueno, el diseño sí me gusta, pero el color no tanto… El verde no me desagrada, pero no es uno de mis colores favoritos.

A mí esta blusa me encanta.
Fíjate en la tela, es muy suave.

Sí, sí, es delicadísima.

La veo muy combinable y perfecta para el verano.

Sí, eso sí. ¡Y, sobre todo, te queda perfecta!

Bueno, me quedo con esa. ¿Y ahora? ¿Vamos a buscar otra para ti?

No, preferiría echar un vistazo a los zapatos… Ya sabes que comprar zapatos es una pasión mía.

¡Sí que lo sé! El año pasado gastaste un buen dinero en zapatos, como si creciera de los árboles.

Bueno, como mi abuelita suele decir, “el dinero se ha hecho redondo pa’ que ruede.” ¡Vamos a la caja para pagar tu blusa!

1.1. Empezar una conversación y presentarse – Ein Gespräch eröffnen und sich vorstellen

Perdón, / Una **pregunta,** — tú eres Martín, ¿no?	Entschuldigung Frage
Perdone, / **Disculpe,** — ¿es usted la señora Jiménez? / usted es el señor López, ¿verdad?	Entschuldigung Verzeihung
Tu — cara / nombre / **apellido** — **me suena**, ¿no nos conocemos?	kommt mir bekannt vor Nachname
¿Cómo — **se** — **llama** / **apellida** — usted?	heißen Sie heißen Sie mit Nachnamen
Me apellido / Mis **apellidos** son — Gutiérrez Blanco.	Nachnamen
Mi **primer apellido** es Gutiérrez.	erster Nachname
Mi **nombre completo** es Carlos Gutiérrez Blanco.	vollständiger Name
Perdón, ¿es *burro* el **apodo** de Felipe?	Spitzname
Perdón, ¿es — esta señora / la señorita — tu **prima**? / la **cuñada** de Marisol?	Cousine Schwägerin
¿Es — Carlos / Martín — tu **hermano**? / el **primo** de Enrique?	Bruder Cousin
Permítame presentarle a la Sra. López.	darf ich Ihnen vorstellen
Encantado de / **Mucho gusto en** — **conocerle.**	Freut mich, Sie kennen zu lernen.
¿**Qué tal**?	Wie geht's?
¿**Cómo** **estás**?	Wie geht's?
¿**Cómo** **está usted**?	Wie geht es Ihnen? (Sing.)
¿**Cómo** **están ustedes**?	Wie geht es Ihnen? (Plur.)
¿**Qué pasa**?	Was gibt's?
¿**Qué te cuentas**?	Was gibt's Neues?
Bien, gracias.	Danke, gut.
Muy bien.	Sehr gut.
Muy bien, no puedo **quejarme**.	beklagen
Pues, **regular**.	Es geht so.
Voy tirando.	Es geht so, mäßig.

Soy	**alemán**.	Deutscher
	alemana.	Deutsche
	de Madrid.	aus Madrid
	estudiante.	Student(in)
	un **amigo** de José.	Freund
	el **marido** de Luisa.	Ehemann
	la **mujer** de Pedro.	Ehefrau

Estoy aquí	**de vacaciones**.	im Urlaub
	para **visitar** a una amiga mía.	besuchen
	por primera vez.	das erste Mal
	con mis **padres**.	Eltern
	por el **cumpleaños** de Joaquín.	Geburtstag
	porque me ha **invitado** Ana.	eingeladen
	desde hace una semana. / el lunes pasado.	seit

Quisiera	hablar contigo.	
	decirte algo.	
	hablar un momento con usted.	Ich würde gerne
	preguntarte algo.	
	hacer una propuesta.	einen Vorschlag machen.

1.2. Continuar la conversación – Die Unterhaltung fortführen

El pronombre *lo* se usa muchas veces en vez de expresiones con sustantivos como *la cosa, la historia, el asunto*. Ejemplos: *lo de ayer – die Sache von gestern; lo de mi hija – das Problem mit meiner Tochter.*

1.2.1. Mostrar que algo te interesa – Interesse an Erzähltem zeigen

Eso sí que es	**divertido**.	lustig
	precioso.	herrlich
	raro.	merkwürdig
	sorprendente.	überraschend
	increíble.	unglaublich
	inimaginable.	unvorstellbar
	una **broma** buena.	Witz

1.2.2. Pedir información – Erkundigungen anstellen

Una cosa:	(¿) Juan ya no vive en Oviedo?	etwas, was ich dich fragen wollte
¿**Es verdad que**	Dolores está en París?	stimmt es, dass
¿**Estás segura de que**		bist du dir sicher, dass

1.2.3. Pedir una opinión – Nach Einschätzungen fragen

¿Qué	**piensas** tú **opinas**	sobre la legalización de la mariguana?	halten von meinen zu

1.2.4. Hacer una oferta amable – Ein freundliches Angebot machen

¿Por qué no nos	das tu **número de móvil**? apuntas tu **dirección** en esta servilleta? **vemos** mañana para tocar juntos? **llamas** antes? escribes un **e-mail**?	Handynummer Adresse treffen anrufen E-Mail

1.2.5. Disculparse – Sich entschuldigen

Disculpa,	no quise **ofenderte**. eso no lo **sabía**.	Entschuldige, … dich beleidigen wissen

1.2.6. Pedir a alguien que piense en las consecuencias – Darum bitten, Konsequenzen zu bedenken

Piensa en		los riesgos del proyecto. la intransingencia de los políticos.	denken an
No	**te olvides de** **subestimes** **tomes a la ligera**		nicht vergessen nicht unterschätzen nicht auf die leichte Schulter nehmen

1.2.7. Pedir un favor – Um einen Gefallen bitten

Iba a Voy a	**pedirte un favor**. **pedirte algo**.	dich um einen Gefallen bitten dich um etwas bitten

1.2.8. Animar a alguien – Jemanden auffordern, anregen

¿Vamos a ¿No **te parece mejor** ¿**Estás segura de que** no vale la pena	escribir una carta al director? tomar la iniciativa?	 besser finden sicher sein, dass

1.2.9. Expresar tu falta de comprensión – Unverständnis ausdrücken

No	**comprendo** **acabo de comprender** **me entra en la cabeza**	por qué eso te parece difícil.	nicht verstehen nicht ganz verstehen nicht in den Kopf gehen

1.2.10. Alegrarse con alguien – Sich mit jemandem freuen

Me	**alegro de**	oírlo.	sich freuen
	encanta	que hayas tenido tanto éxito.	sehr freuen
	gusta mucho		sehr gefallen
	alivia		erleichtert sein

¡Feliz cumpleaños!	Herzlichen Glückwunsch zum Geburtstag!
¡Feliz santo!	Herzlichen Glückwunsch zum Namenstag!
¡Feliz Navidad!	Frohe Weihnachten!
¡Feliz año nuevo!	Frohes neues Jahr!
¡Felicidades!	Herzlichen Glückwunsch (zur Hochzeit)!
¡Enhorabuena!	Herzlichen Glückwunsch (zur bestandenen Prüfung)!
¡Buenas vacaciones!	Frohe Ferien!
¡Buen fin de semana!	Schönes Wochenende!
¡Felices Pascuas!	Frohe Ostern!
¡Que te mejores!	Gute Besserung!
Que descanses.	Gute Nacht, schlaf gut./Ruh dich aus.
Mi más sincero pésame.	Herzliches Beileid.

1.2.11. Compartir sentimientos – Gefühle teilen

¡Cómo te envidio!	Wie sehr ich dich beneide.
¡Qué lástima!	Wie schade.
¡Qué mala suerte!	Was für ein Pech.
¡Qué mala pata!	Was für ein Pech.

1.2.12. Tranquilizar a alguien – Jemanden beruhigen, beschwichtigen

No	es	**para tanto.**	so wichtig
	es	**tan importante.**	so wichtig
	es	**el fin del mundo.**	das Ende der Welt
	te	**asustes.**	hab' keine Angst
	te	**ofendas.**	Sei nicht beleidigt.
	te	**preocupes.**	Mach' dir keine Sorgen.
	sigas pensando en eso.		Denk' nicht immer daran.
	te agravies por eso.		Sei nicht beleidigt.
	pierdas el tiempo con eso.		Verliere keine Zeit.
	caviles.		Grüble nicht.
	le des más vueltas.		Grüble nicht weiter darüber nach.
	pierdas la cabeza.		Verlier' nicht den Kopf.

1.2.13. Asentir o contradecir – Zustimmen oder widersprechen

Cierto.	Stimmt.
Cómo no.	Aber klar.
De acuerdo.	Einverstanden.
Pues claro.	Klar.
¡Claro que sí!	Aber sicher.
¡A que sí!	Und ob.
¡Y vaya que sí!	Und ob.
Exacto.	Genau.
Exactamente.	Genau.
¿Lo ves?	Siehst du.
Pues ya ves.	Na also.
¡Menos mal!	Zum Glück.

No,	no es así.	ist nicht so
	veo las cosas de una manera muy **diferente**.	unterschiedlich
	la realidad es muy **distinta**.	unterschiedlich, anders
	no puede ser.	kann nicht wahr sein
	¡ni mucho menos!	auf keinen Fall, von wegen

1.2.14. Decir que algo te sorprende – Überraschung ausdrücken

Eso	no lo **esperaba**.	erwarten
	me **sorprende**.	überraschen
	es una **sorpresa**.	Überraschung
	no lo **sabía**.	wissen
	parece mentira.	kann doch gar nicht wahr sein

1.3. Hablar sobre preferencias personales – Über persönliche Vorlieben sprechen

¿Te	**interesa** el fútbol?	interessieren
	gusta la corrida tanto como a mí?	gefallen
	apetece la idea?	Lust haben

¿**Qué te parece** este viaje? — wie findest du

(No) me	**gusta**	el baloncesto.	gefallen
	intereso por	el voleibol.	sich interessieren
	encanta	la guitarra flamenca.	begeistern
	fascina	la corrida.	faszinieren

Mejor	**no toquemos**	este asunto.	lieber beiseite lassen
	no hablemos sobre		lieber nicht über … sprechen
	dejemos		lassen wir besser
	no nos metamos en		sich besser nicht einmischen

1.4. Terminar una conversación – Ein Gespräch abschließen

Ha sido **un placer** Me ha **encantado** Siempre **vale la pena**	hablar contigo.	ein Vergnügen sehr gefallen sich lohnen

– Muchas gracias – Muchísimas gracias.	**–De nada.** **–No hay de qué.**	Bitte sehr. Keine Ursache.

Bueno,	**hasta**	**luego**.	bis später
		ahora.	bis gleich
		pronto.	bis bald
		pasado mañana.	bis übermorgen
	adiós.		auf Wiedersehen
	nos vemos el jueves.		wir sehen uns

Que	**te diviertas**. **os divirtáis**.	Viel Vergnügen.
	te vaya bien	Alles Gute.
	llegues bien a casa.	Komm' gut nach Hause.

> En alemán se dice *Viel Vergnügen, viel Spaß*. El equivalente español es el subjuntivo del verbo *divertirse: que te diviertas, que os divirtáis, que usted se divierta , que ustedes se diviertan*.

2 Comunicándose en clase – Am Unterrichtsgespräch teilnehmen

2yv5ng

Hola, buenos días.

Buenos días, Señor Schneider.

Carolina, ¿cierras la ventana, por favor?

Un momento, por favor.

Vamos a hablar sobre el texto de la clase pasada.

¿"Una nueva era de la comunicación"?

Sí, el artículo de Ribera Ordóñez.

¿En qué página está?

En la página dieciséis. Bueno, ¿de qué tema trata este texto?

Este artículo, publicado en el ABC el 5 de abril de 2015, trata de la influencia de los medios modernos de comunicación en la vida cotidiana.

¿Cuáles son los medios mencionados por el autor?

El autor menciona las posibilidades que ofrece Internet, pero su tema principal es el uso diario de WhatsApp por muchísima gente, especialmente los jóvenes.

2.1. Instrucciones – Arbeitsanweisungen

Por favor,	**abrid** los libros en/por la página 121.	öffnen
	cerrad vuestros libros.	schließen
	completad estas frases.	vervollständigen
	elaborad otro diálogo de este tipo.	erstellen
	empezad con los ejercicios.	anfangen
	haced este **ejercicio**.	Übung
	lee tu **resumen**, Pedro.	Zusammenfassung
	usad el **diccionario** si lo necesitáis.	Wörterbuch
	tomad notas.	sich Notizen machen
	dime lo que has escrito, Luisa.	sagen
	repite la pregunta.	wiederholen
	no **os olvidéis** de los resultados de la clase de ayer.	vergessen

Vamos a	**trabajar en pareja**.	Partnerarbeit verwenden
	hacer un **ejercicio de comprensión auditiva**.	Hörverständnisübung
	ver parte de una **película** colombiana.	Film
	escuchar una **canción** mexicana.	Lied
	trabajar con **imágenes**.	Bildmaterial, Bilder
	describir esta foto.	beschreiben
	continuar nuestro debate.	fortsetzen
	terminar esta discusión.	beenden
	comparar los dos textos.	vergleichen
	hablar sobre el tercer **párrafo**.	Textabschnitt
	analizar el estilo empleado por el autor.	analysieren
	interpretar la segunda parte del poema.	interpretieren

2.2. Invitar a los alumnos a participar – Einladung zur Mitarbeit

¿Quién quiere	**seguir**?	weitermachen
	leer su texto?	vorlesen
	escribir en la **transparencia**?	Folie
	corregir esta frase?	berichtigen
	darnos una **versión alternativa**?	Alternativversion, andere Version
	formular otra pregunta de este tipo?	formulieren
	proponer una alternativa?	vorschlagen
	resumir estas ideas?	zusammenfassen
	decirnos algo sobre el **tema** de este artículo?	Thema

¿Quién sabe	si hay que **usar** aquí el indefinido o el imperfecto?	verwenden
	conjugar *andar*?	konjugieren
	lo que significa *trampa*?	was … bedeutet
	si esta palabra **lleva acento gráfico**?	einen Akzent tragen
	si las dos palabras **significan lo mismo**?	dieselbe Bedeutung haben
	en qué consiste la diferencia entre estas dos palabras?	worin der Unterschied besteht
	en qué parte de Latinoamérica **se encuentra** Machu Picchu?	sich befinden
	definir el **término** *culturas precolombinas*?	Begriff
	diferenciar los dos términos *conquista* y *reconquista*?	unterscheiden zwischen
	por qué este **proceso histórico** duró tanto tiempo?	historischer Prozess
	algo sobre las **raíces** de este problema?	Wurzeln

¿Por qué no	**pensáis en**		denken an
	nos imaginamos		sich vorstellen
	tratamos de encontrar		versuchen zu
	vemos si hay	**otras opciones**?	andere Wahlmöglichkeiten
		alternativas?	Alternativen

2.3. Pedir ayuda al profesor – Den Lehrer um Hilfe bitten

¿Puede usted	**ayudarnos**?	uns helfen
	explicarlo otra vez?	es erklären
	escribir la palabra **en la pizarra**?	an die Tafel schreiben
	hablar un poco **más alto**?	lauter
	repetir la pregunta?	wiederholen

2.4. Pedir materiales de trabajo – Um Arbeitsmaterialien bitten

Por favor,	¿puedes ¿puede	prestarme darme	tu	**lápiz**?	Bleistift
				boli?	Kuli
				pluma?	Füller
				goma de borrar?	Radiergummi
				sacapuntas?	Bleistiftanspitzer
				borratinta?	Tintenkiller
				regla?	Lineal
				libro de gramática?	Grammatikbuch

2.5. Pedir ayuda a los alumnos – Die Schüler um Hilfe bitten

Por favor,	¿puedes ¿puede	**abrir la ventana**? **cerrar la ventana**? **encender la luz**? **limpiar la pizarra**? ayudarme con el **retroproyector**?	Fenster öffnen Fenster schließen Licht anmachen Tafel putzen Overheadprojektor

2.6. Pedir permiso al profesor – Um Erlaubnis des Lehrers bitten

¿Puedo	**usar el diccionario,** **ayudar** a Luisa, **explicar** mi tesis, **echar** estos papeles **a la papelera,** **ir al lavabo,**	por favor?	das Wörterbuch verwenden helfen erklären in den Papierkorb werfen auf die Toilette gehen

2.7. Pedir explicaciones – Um Erklärungen bitten

Perdón, no	**entiendo** **conozco**	esta la	palabra. **regla**.	verstehen Regel kennen

¿Qué	**significa** **quiere decir**	esta frase?	bedeuten aussagen

¿Quién conoce	un **sinónimo** el **antónimo**	de *empezar*? de *vivir*?	Synonym *(= Wort, das ungefähr dasselbe bedeutet wie ein anderes)* Antonym *(= Wort, das das Gegenteil bedeutet)*

9sy5n9

Restaurante *Lotus*.
¿En qué puedo servirle?

Buenas tardes. Quería reservar una mesa para este sábado. Queremos cenar.

Muy bien. ¿Para cuántas personas?

Seremos cinco.

¿Para qué hora?

Para las once y media.

Muy bien. He reservado una mesa para cinco personas, para el sábado 25 de marzo a las once y media.

Muy bien, muchas gracias.

Entonces… hasta el 25 de marzo.

Gracias, adiós.

Adiós.

Este capítulo trata de llamadas privadas y llamadas de negocios. Algunas expresiones se pueden utilizar en ambas situaciones, pero la mayoría se usa o en llamadas privadas o en llamadas de negocios.

3.1. Llamadas privadas – Privatgespräche

Diga.	Hallo.
Dígame.	Hallo.
¿**Sí**?	Ja bitte?
Hola, **soy** Carlos.	hier ist
Hola, ¿**con quién hablo**?	mit wem spreche ich
Hola, ¿**puedo hablar con** Felipe?	kann ich mit … sprechen
Hola, ¿**está** Felipe?	ist … da

En Latinoamérica no se usa la segunda persona del plural. Por *ustedes* se dice *vosotros,-as*, por *vuestro,-a* se dice *su* etc. Un ejemplo: «Feliz Navidad para todos **ustedes**. Un fuerte abrazo de **su** amiga Silvia.» – Euch allen frohe Weihnachten. Einen ganz herzlichen Gruß von Eurer Freundin Silvia.

Al **teléfono**.	Am Apparat.
Al **habla**.	Am Apparat.
En seguida.	Sofort.
Un momento, por favor.	einen Augenblick
No cuelgues.	Leg' nicht auf.
Lo siento, **no puedo localizarle**.	weiß nicht, wo er/sie ist
Lo siento, no está **en casa**.	zuhause
Lo siento, en este momento no puede **ponerse**.	an den Apparat kommen
Lo siento, no está. ¿Le **dejo** un **recado**?	Nachricht hinterlassen
Lo siento, **ya no** vive con nosotros.	nicht mehr
Este es el **contestador automático** del 6575767.	automatischer Anrufbeantworter
Ahora mismo no estamos. Por favor, **deje** su **mensaje** después de la señal.	Nachricht hinterlassen

En algunos países latinoamericanos, por ejemplo en Argentina, se usa la forma *vos* por *tú*. Ejemplo: «**Vos sabés** cuánto te necesito.» – Du weisst, wie sehr ich dich brauche. *Sabés*, *tomás*, *hablás* etc. son formas contraídas de la segunda persona del plural.

3.1.1. Al telefonillo – Am Türöffner

¿**Sí**?	Ja bitte?
¿**Hola**?	Hallo?

3.1.2. Problemas de comunicación – Verständnisschwierigkeiten

> Al iniciar una conversación con alguien que no conoces, lo mejor es comenzar con *usted*.
> Si alguien te invita al tuteo, puedes continuar con *tú*.

Número equivocado.	Verwählt.
Te entiendo muy mal.	Ich verstehe dich sehr schlecht.
Se cortó la comunicación.	Die Verbindung wurde unterbrochen.

> En alemán hay preguntas del tipo *Soll ich dir helfen? – Was soll ich jetzt machen?* En español se pregunta *¿Te ayudo? – ¿Qué hago ahora?*

3.2. Llamadas de negocios – Geschäftliche Gespräche

Quisiera	hablar	con el	jefe./?	ich würde gerne
¿**Puedo**			Sr. López./?	kann ich
¿Me puede **poner**				verbinden

¿**De parte de quién**?	Wer ist da?

¿Puede usted / ¿Podría	**darle un recado**?	jdm etwas ausrichten
	decirle que me **vuelva a llamar**?	zurückrufen
	informarle de mi llamada?	jdn informieren
	darle el número de mi **móvil**?	Mobiltelefon, Handy

¿Quiere **anotar** mi número?	notieren

Un momento, por favor,	**le pongo** en seguida.	stelle Sie durch
	le comunico.	gebe ihn Ihnen
	no cuelgue.	legen Sie nicht auf
	le paso al Sr. García.	gebe Ihnen
	se pone ella misma.	(sie) kommt selber an den Apparat
	voy a hablar con su **secretaria**.	Sekretärin

Lo siento,	está en una **reunión**.	Konferenz
	no está **aquí**.	hier
	en este momento no puede **ponerse**.	an den Apparat kommen
	la línea **está ocupada**.	besetzt sein
	¿a qué López **se refiere**?	meinen

Dígale que	puede llamarme durante **todo el día** al 14 93 14.	den ganzen Tag
	le **espero** a las seis y media.	erwarten
	mañana **no tengo tiempo**.	keine Zeit haben

ir2e5p

Hola, buenos días. Soy Maribel García, hablamos por teléfono.

Buenos días, Señora García, soy Martín Gutiérrez. Mucho gusto en conocerle.

Igualmente.

Siéntese, por favor. ¿Ha podido usted llegar aquí sin problemas?

Sin problema alguno. Las instrucciones que su secretaria me dio eran muy útiles.

Encantado de oírlo. Bueno, vamos a empezar con la entrevista. ¿Por qué quiere usted trabajar con nosotros?

Antes de mandar mi solicitud, leí mucho sobre su empresa y me impresionó bastante lo que leí. Sería un privilegio trabajar aquí.

¿Cuál es el aspecto de nuestro trabajo que más le ha llamado la atención?

Bueno, hasta ahora he trabajado en empresas bastante pequeñas. Me gustaría trabajar en una impresa internacional, como la suya.

Sería un enorme desafío, ¿no?

Sí, claro, mi experiencia es limitada.

Entonces, ¿cómo va a enfrentarse a este desafío?

Tendré que aprender muchísimo y estoy dispuesta a hacerlo.

4.1. Empezar una entrevista de trabajo – Ein Bewerbungsgespräch eröffnen

El entrevistador:

Buenos días, Sr. Martínez, **Buenas tardes**,	me llamo Eugenio García, hablamos por teléfono anteayer.	Guten Morgen Guten Tag

El solicitante:

Encantado de **Mucho gusto en**	**conocerle**.	Freut mich, Sie kennen zu lernen.

El entrevistador:

Siéntese por favor.	Bitte setzen Sie sich.

El solicitante:

Gracias por **haberme invitado**.	eingeladen zu haben

El entrevistador:

¿**Qué tal** el viaje?	Wie war …?

El solicitante:

Gracias, muy bien, no	ha habido he tenido	problemas para **venir aquí**.	herkommen

4.2. Hablar sobre los motivos de la solicitud – Über die Motive für die Bewerbung sprechen

¿Qué	**sabe** **conoce**	sobre nuestra empresa?	wissen wissen
	es lo que más le **atrae** de este puesto?		anziehen
	significa para usted el trabajo?		bedeuten
	es lo que le **motiva** en un trabajo?		motivieren

¿Por qué	quiere trabajar en ha elegido	esta **empresa**?	Firma
	ha solicitado este **puesto de trabajo**?		Arbeitsplatz, Arbeitsstelle

¿Cuáles son sus **aspiraciones económicas**?	Gehaltsvorstellungen

4.3. Hablar sobre la educación y la experiencia profesional – Über Ausbildung und Berufserfahrung sprechen

¿Cuáles eran	sus **asignaturas favoritas** en el colegio?			Lieblingsfächer
	las causas por las que	escogió **abandonó**	sus **estudios**?	Studien(fächer), Studium abbrechen

¿Qué	**experiencia** tiene en relación con este trabajo? cursos o seminarios **ha realizado** en el último año? **estudios tiene**? **conocimientos de informática** tiene?	Erfahrung teilnehmen an studiert haben Computerkenntnisse
¿Cómo	**consiguió** **encontró** su último trabajo?	bekommen finden
¿Por qué	ha estado tanto tiempo en **el mismo** puesto? se decidió a **cambiar**?	derselbe wechseln
¿En qué áreas cree usted que necesitaría	**perfeccionarse**? **formación especializada**?	sich fortbilden berufliche Weiterbildung

4.4. Dar datos personales – Persönliche Auskünfte geben

¿Cómo **se describiría** a sí mismo?	sich beschreiben
Defínase a sí mismo con tres **adjetivos calificativos**.	charakterisierende Adjektive
¿Cuáles son sus **aficiones** o qué deportes practica?	Hobbies

El solicitante:

Pienso Dicen	que soy una persona	**dinámica**. **emprendedora**. **de mucha energía**. **flexible**. **con los pies en la tierra**. **sincera**. **tratable**.	dynamisch eigenmotiviert mit viel Energie anpassungsfähig, flexibel mit beiden Beinen auf dem Erdboden stehen aufrichtig, ehrlich umgänglich

4.5. Contestar a preguntas difíciles – Schwierige Fragen beantworten

¿Cuáles son sus	**puntos** **fuertes**? **puntos** **débiles** **defectos**? **competencias**?	Stärken Schwächen Schwächen Kompetenzen, Fähigkeiten
Bueno, a veces	soy un poco **impulsivo**. soy **perfeccionista**. quiero hacer varias cosas **a la vez**. mi mala **memoria para los nombres** me hace sentir mal.	impulsiv perfektionistisch gleichzeitig Namensgedächtnis

Bueno, creo que	trabajo bien **en equipo**.		im Team
	soy una persona	**responsable**.	verantwortungsbewusst
		solidaria.	solidarisch
		dispuesta a ayudar.	hilfsbereit

¿Por qué debo **contratarle** a usted? — jdn einstellen

¿Dónde le gustaría verse en cinco años? — wo wären Sie gerne (beruflich)

Pues, en estos cinco años espero	**acreditarme**.	sich bewähren
	aprender mucho.	lernen
	asumir nuevas **responsabilidades**.	Verantwortung übernehmen
	demostrar que **tengo la madera** para trabajar en una empresa de estas dimensiones.	das Zeug haben

4.6. Proporcionar información sobre la empresa – Auskünfte über die Firma geben

Somos una empresa	**mediana**.	mittelständisch
	familiar.	in Familienbesitz
	grande.	groß
	líder.	führend

Nuestra	**central**	está en Burgos.	Zentrale
	fábrica		Fabrik
	filial		Filiale
	sucursal		Zweigstelle

Nuestro **domicilio social** está en San Sebastián — Firmensitz

Estamos **especializados** en	la producción de bombillas.	spezialisiert
	la **distribución de mercancías**.	Warenverteilung
	la **atención al cliente**.	Kundendienst

Nuestra empresa **se**	**fundó**	en 1953.	gründen
	estableció		aufbauen
	ha expandido bastante en los últimos cinco años.		expandieren

4.7. Preguntar al entrevistador – Fragen an den Interviewer stellen

Necesito más información sobre	mi **sueldo de entrada**.	Einstiegsgehalt
	mis **horas de trabajo**.	Arbeitszeiten
	los **beneficios complementarios**.	freiwillige Sozialleistungen
	las **gratificaciones**.	Sonderleistungen
	el **horario flexible**.	gleitende Arbeitszeit, Gleitzeit
	el **trabajo por turnos**.	Schichtarbeit
	la **paga de vacaciones**.	Urlaubsgeld

¿Podría trabajar **a tiempo**	**parcial**?	in Teilzeit
	completo?	in Vollzeit
¿Cuáles son	las **oportunidades de formación**?	Möglichkeiten beruflicher Fortbildung
	los **planes de carrera**?	Laufbahnpläne

4.8. Terminar la entrevista – Die Unterhaltung beenden

El entrevistador:

Hay	**algo más** que quisiera usted saber?	noch etwas
	otro **tema** sobre el que quisiera hablar?	Thema
¿Tiene	más **preguntas**?	Fragen
	alguna **otra pregunta**?	eine weitere/noch eine Frage

El solicitante:

¿Cuándo	van ustedes a **contactar conmigo**?	mich kontaktieren
	podría **empezar**?	anfangen

2ss2j5

Eso es. Espero que ahora sepáis un poco más sobre mi tema, los niños de la calle mexicanos. ¿Quedan preguntas?

Sí, ¿podrías decirnos algo más sobre las iniciativas que ayudan a los niños callejeros?

¿Queréis que os dé un ejemplo concreto?

Sí, por favor.

Bien, un ejemplo es la iniciativa Apoyo. Se trata de un proyecto mexicano destinado a sacar a los niños de la calle y darles una perspectiva para el futuro.

Hm, pero será bastante difícil, ¿no?

Claro que es difícil. La base del proyecto Apoyo es proporcionar una vivienda, comida y formación profesional a los niños, y todo eso es muy caro.

¿Y quién financia este trabajo?

Bueno, parte del dinero viene de la Iglesia Católica y parte de donaciones privadas.

¿Tiene éxito este trabajo?

Es difícil obtener datos estadísticos exactos pero, según el centro, el 70 % de los niños no vuelve a la calle.

¡Eso sí que sería un éxito admirable!

Deberías estructurar tu ponencia bien y marcar los diferentes aspectos para que los oyentes te puedan seguir fácilmente. Y, especialmente, deja bien claro de antemano cuándo pueden hacer preguntas.

5.1. Definir el tema – Das Thema definieren

Hoy voy a	**tratar** **presentar** **analizar**	el tema de los niños de la calle en Perú. los problemas ecológicos del mar Mediterráneo.	behandeln darstellen analysieren
Voy a **presentar un powerpoint** sobre			eine Powerpoint-Präsentation durchführen

Mi ponencia	**gira en torno al** **tiene como tema** el **expone** el	trabajo infantil en Latinoamérica.	sich drehen um zum Thema haben darstellen

5.2. Explicar la estructura de la ponencia – Den Aufbau des Referats erläutern

Mi ponencia	se **compone de** se **divide en** **consta de**	tres partes.	besteht aus besteht aus besteht aus

5.3. Marcar los diferentes aspectos – Die verschiedenen Aspekte markieren

Primero	hablaré sobre las estadísticas al respecto.	erstens, zuerst
A continuación	trataré la situación social en Perú.	dann
Luego	trataré de explicar las causas de esta situación.	dann
Después	hablaré sobre varios grupos que tratan de ayudar a los niños callejeros.	danach
Al final	voy a presentar pronósticos para el futuro.	schließlich, zum Schluss, zuletzt

Eso me lleva	al **siguiente** punto.	folgende(r)
	a otra **parte** de mi ponencia.	Teil
	a uno de los **puntos clave** de mi ponencia.	Hauptpunkte
	a varios **ejemplos** concretos.	Beispiele

5.4. Usar medios visuales – Visuelle Medien verwenden

Este	**mapa** muestra los alrededores de Lima.		Karte
	cuadro nos permite comparar las cifras de los últimos diez años.		Tabelle
	diagrama facilitará la comprensión.		Diagramm
	dibujo muestra el centro de Bogotá.		Zeichnung
Esta	**caricatura** actual muestra otro lado del problema del paro español.		Karikatur
	curva	revela una tendencia bien clara.	Kurve, Graph
	estadística		Statistik
	tabla		Tabelle

Evidentemente,	se trata de una tendencia bastante fuerte.	offensichtlich
Vemos que		man sieht
Se puede **concluir** que		schließen, schlussfolgern

5.5. Referirse a un aspecto ya mencionado – Auf einen Aspekt zurückkommen

Como ya he dicho,	la emigración a España continúa.	wie bereits gesagt
Quisiera **volver al hecho de que**		auf die Tatsache zurückverweisen

5.6. Tratar problemas (de tiempo o de los recursos técnicos) – Probleme mit der Zeiteinteilung oder der Technik ansprechen

¿Me pueden escuchar bien?	Tenemos problemas con el **micrófono**.	Mikrofon
	Voy a tratar de hablar **alto**.	laut

No nos queda tiempo,	por eso voy a	**terminar** aquí.	aufhören
		continuar con mi último **punto**.	Punkt
	aunque quedan varios puntos por **clarificar**.		klarstellen
	lamentablemente.		bedauerlicherweise, leider
	lo **siento** mucho.		bedauern

5.7. Invitando a los oyentes a hacer preguntas – Die Zuhörer einladen, Fragen zu stellen

No duden en	hacer preguntas.	nicht zögern zu
	interrumpirme.	unterbrechen
	levantar la mano si tienen alguna pregunta.	aufzeigen, die Hand heben

Por favor,	pregunten **en cualquier momento**.	jederzeit
	pregunten **al final** de mi presentación.	am Ende
	no se abstengan de hacer preguntas.	sich nicht zurückhalten, sich frei fühlen
	reserven sus preguntas para el final de la ponencia.	aufsparen

5.8. Concluir la presentación – Den Vortrag abschließen

Termino diciendo	que se trata de un tema muy complejo.	abschließend möchte ich sagen
Se ha mostrado	que se trata de un tema muy complejo.	es hat sich gezeigt

Bueno,	ya hemos llegado al **final** de mi ponencia.	Ende
	aquí termina mi **presentación**.	Präsentation
	con esto mi ponencia está **completa**.	vollständig

5.9. Darles las gracias a los oyentes – Sich bei den Zuhörern bedanken

Muchas gracias	por su **atención**.	Aufmerksamkeit
	por haberme **prestado** su atención.	schenken

6 Participando en un debate – An einer Diskussion teilnehmen

3229fm

¿Qué pensáis sobre la legalización del cannabis?

Bueno, en mi opinión deberían legalizarlo.

¿Por qué piensas así?

La legalización reduciría el número de crímenes relacionados con el cannabis hoy.

Yo no comparto esta opinión. Si se legalizara el cannabis, mucha gente pediría la legalización de otras drogas.

¿En qué otras drogas piensas?

Drogas más peligrosas como, por ejemplo, la cocaína o el éxtasis.

El cannabis es una cosa completamente distinta. No lo veo más peligroso que el alcohol que todo el mundo consume.

Muchos drogadictos confiesan que para ellos todo empezó con el primer porro, eso no lo puedes negar…

El consumo de drogas depende de la personalidad de una persona. Sin este primer porro habrían empezado con otra droga.
Y hay otro argumento.

¿Cuál?

El cannabis se puede usar como medicina, para aliviar dolores.
Bueno, admito que este punto no es un argumento para la legalización general del cannabis, pero muestra que no es nada como el éxtasis.

6.1. Dar su opinión – Seine Meinung äußern

Te digo una cosa,	es necesaria una reforma del sistema penal.	ich sag' dir eins
En mi opinión,		meiner Meinung nach
A mi entender,		meiner Ansicht nach
Yo **pienso** que		denke
Me parece que		mir scheint
Me consta que		für mich steht fest
Pensándolo fríamente,		streng sachlich betrachtet

Pienso	que	hay que actuar **cuanto antes**.	möglichst bald
Creo			glauben
Opino			meinen
Soy de la opinión de			der Meinung sein
Estimo			schätzen

No creo que sea tan difícil.	nicht glauben

> Se usa el subjuntivo con verbos como *creer, pensar, opinar* solo si están negados.

En	**primer**	lugar,	necesitamos más profesores.	erstens
	segundo		hay que construir nuevos colegios.	zweitens
	tercer		es importante que los grupos sean más pequeños.	drittens

Esta crisis	tiene **varias**	consecuencias desagradables.	mehrere
	tiene **un montón de**		einen Haufen
	tiene **un sinfín de**		eine Unmenge
	lleva consigo		mit sich bringen
	resulta en		zu etw. führen

Para	**resolver**	este problema hay que tomar medidas drásticas.	lösen
	solventar		lösen
	solucionar		lösen
	enfrentarse a		sich stellen
	acabar con		beenden

> *Also* al inicio de una frase y en el sentido de *daher* se traduce con *por eso*. En este caso no se puede utilizar *así*.

6.2. Intercambio de opiniones – Meinungsaustausch

¿Qué **opina usted** ¿Cuál es su **opinión**	sobre	este asunto? este tema?	meinen Meinung
¿Qué **posición adopta** él **frente a** esta cuestión?			Haltung einnehmen gegenüber
¿**Comparte nuestra opinión**?			Sind Sie derselben Meinung wie wir?
¿**Está usted de acuerdo**?			Sind Sie einverstanden?
Lleváis **Tenéis**	**toda la razón**. **toda la razón del mundo**.		völlig recht haben hundertprozentig recht haben
Yo **comparto**	**completamente** **absolutamente** **parte de**	estas ideas.	etw. ganz teilen etw. völlig teilen etw. teilweise teilen
No estoy	**completamente** **absolutamente**	de acuerdo con estas ideas.	nicht ganz nicht völlig
No compartimos	**del todo** **en absoluto**	estas ideas.	nicht ganz teilen überhaupt nicht teilen
¡**La verdad es que sí**! **Exacto**. **Exactamente**. **Eso es**. **Sí, claro**. **Por supuesto**, **Bueno, pero** **En realidad**	Hay hay	que actuar **cuanto antes**.	Das kann man wohl sagen. Genau. Genau. Das stimmt. möglichst bald Selbstverständlich. natürlich ja, aber in Wirklichkeit
¡**Qué va**!			Davon kann gar keine Rede sein.
No, **eso**	**no es verdad**. **no es así**.	El problema sigue existiendo.	Das stimmt nicht. Das ist nicht so.
¡**Ni hablar**! **Nada de eso**. **De ninguna manera**. ¿**Cómo**?			Keineswegs. Keinesfalls. Auf (gar) keinen Fall. Wie bitte? *(ironisch)*
		No viene al caso.	Gehört nicht zur Sache.
¿**Y qué**? ¡**Y aunque así sea**! **Sea lo que sea**.		Algo hay que cambiar. ¿A ti se te ocurre una idea mejor?	Na und? Und wenn schon! Wie dem auch sei.

Para	**explicar** **justificar** **defender**	tu	idea, tesis, posición,	has **utilizado**	dos argumentos.	erklären rechtfertigen verteidigen anführen, verwenden

Este tema	es bastante **complejo**.	kompliziert
	tiene muchas **facetas**.	Einzelaspekte
	da mucho de sí.	ist sehr umfangreich
	es **curioso**.	merkwürdig
	es **controvertido**.	umstritten
	es bastante **espinoso**.	haarig
	está muy **manoseado**.	abgedroschen

Este argumento	(no) es **convincente**.	überzeugend
	(no) es **fuerte**.	stark
	me parece **irrefutable**.	nicht zu widerlegen
	me parece **sólido**	stichhaltig
	me parece **flojo**.	schwach
	no acaba de convencerme.	überzeugt mich nicht ganz
	es incomprensible.	unverständlich

Esa cuestión	**me da igual**.	ist mir egal
	me da lo mismo.	ist mir gleichgültig
	nos trae sin cuidado.	kümmert uns nicht
	ni me va ni me viene. *(col.)*	ist mir völlig egal

6.3. Enfatizar tus ideas y explicar tus argumentos – Deine Ideen unterstreichen und deine Argumente erläutern

Se trata de	un aspecto **significativo**,	lo que todos sabemos.	bedeutsam
	un **gran problema**,		großes Problem
	un **grave problema**,		schwerwiegendes Problem
	un **problema gordo** *(col.)*,		Riesenproblem
	un **riesgo** muy grande,		Risiko
	un **riesgo** **incalculable**,		unberechenbar

A decir verdad, **Hablando con franqueza**,	eso no me parece justo.	offen gesagt, eigentlich offen gesagt

Es **imprescindible** Me parece **absolutamente necesario** Es **imperativo**	que encontremos una solución. que lleguemos a un acuerdo.	unumgänglich absolut notwendig dringend erforderlich

Estoy **seguro** de que vamos a encontrar una buena **alternativa**. — sicher; Alternative

Necesitamos	**urgentemente** **en seguida**	un cambio de política.	dringend sofort

Hombre, Oye,	¡te lo	**garantizo**!	das garantiere ich dir
		aseguro!	das versichere ich dir
		juro!	das schwöre ich dir
	¡eso	**no te lo crees ni tú**!	das glaubst du doch selber nicht
		ni siquiera te lo crees tú!	
		sí que no!	das kommt nicht in Frage
		sí que no puedo imaginarlo.	das kann ich mir nicht vorstellen
	¡**déjate de circunloquios**!		red' nicht um den heißen Brei herum
	¡**no me vengas con monsergas**!		hör auf mit dem Quatsch
	¡**no te hagas el**	**tonto**!	stell' dich nicht blöd
		sueco!	stell' dich nicht blöd
	no pongas esa cara de ofendido.		guck' nicht so beleidigt

En la lengua hablada es muy frecuente el uso de las fórmulas *Es que...* y *Lo que pasa es que...* para introducir aspectos significativos.

Lo que importa **Lo único que importa**	es respetar es que aprendamos a respetar	la iniciativa privada.	worauf es ankommt das Einzige, worauf es ankommt

6.4. Resolver problemas de comunicación – Verständigungsprobleme lösen

No me malinterpretes, **Eso no es lo que quiero decir,** Es un **malentendido,**	no hablo sobre los impuestos ni sobre las finanzas en general.	versteh' mich nicht falsch das meine ich nicht Missverständnis

¿**Me explico**? ¿**Entiendes**? ¿**Ves (ahora)**? **Repito**:	No critico a la policía.	drücke ich mich klar aus? verstehst du siehst du (jetzt) ich wiederhole

Una pregunta, ¿qué	**quieres decir con** **significa**	*idiosincrasia*?	mit etw. sagen wollen bedeuten

¿Puedes	**darnos** un ejemplo?	Beispiel geben
	explicar tu idea?	erklären
	hablar de una manera un poco más **concreta**?	konkret
	definir *urbanismo*?	definieren

6.5. Cambiar de tema – Das Thema wechseln

Vamos a	**cambiar de tema**.	das Thema wechseln
	hablar sobre algo menos **controvertido**.	umstritten
	dejar el tema.	lassen, sein lassen
	terminar por hoy.	für heute Schluss machen

Terminemos	este debate, no hay más que decir.	lass(t) uns beenden
Dejemos		lassen wir (sein)
Pongamos fin a		machen wir Schluss mit

Yo **sigo**	**creyendo**	que esta idea es absurda.	weiterhin meinen
	pensando		weiterhin denken
	convencido/-a de		weiterhin überzeugt sein
	estando seguro/-a de		sich weiterhin sicher sein

Bueno, (no) **hemos**	**cambiado de opinión**.	haben unsere Meinung geändert
	llegado a un acuerdo.	haben uns geeinigt

… ¡y **no**	**tengo**	**más que decir**.	habe weiter nichts zu sagen
	hay		mehr gibt es nicht zu sagen
	se hable más!		und damit basta

7 Moderando un debate – Eine Diskussion leiten

85v3ra

Hoy vamos a hablar sobre la prohibición del uso del móvil en los colegios. ¿Quién está a favor?

Yo.

Entonces, ¿quieres darnos tus argumentos, Alejandro?

El uso de los móviles en clase es completamente inaceptable. ¿Qué van a aprender los alumnos con el móvil en la manita? ¡Nada!

¿Y los otros, qué pensáis?

Yo no estoy de acuerdo con Alejandro. Claro que el uso del móvil en clase es inadmisible, de acuerdo, pero lo que tú dices es una falsa generalización, Alejandro.

¿Por qué piensas así, Elisa?

El móvil es muy útil en casos de emergencia. Además, con el móvil los niños se pueden poner en contacto con sus padres cuando lo necesiten.

¿Un contraargumento? Andrés, por favor.

Yo también estoy a favor de la prohibición general por una razón muy simple…

¿Cuál es?

Pienso que para muchísimos niños el móvil tiene una atracción casi magnética. Es imposible que se limiten a usarlo en situaciones adecuadas… Pero ya veo que este debate será … ¡interminable!

7.1. Poner en marcha el debate – Die Diskussion in Gang setzen

Bueno, ¿**empezamos** nuestro debate de hoy?	sollen wir anfangen
El tema del que vamos a hablar es muy **amplio**.	weitläufig
complejo.	kompliziert
polifacético.	vielschichtig
controvertido.	umstritten
un tema muy **actual**.	aktuell
bastante **espinoso**.	haarig
delicado.	heikel
sensible.	sensibel
ha **suscitado** numerosas **controversias**.	für Auseinandersetzungen sorgen
inquieta a muchos.	beunruhigen
Nuestro **punto de partida** es la posibilidad de la legalización de la mariguana.	Ausgangspunkt
la actual **crisis económica**.	Wirtschaftskrise
la **cuestión** de la reforma fiscal.	Fragestellung, Problem
el **siguiente**: el turismo es una de las fuentes de divisas más importantes para España.	folgend
Deberíamos **tener bien clara** la definición de nuestro tema.	sich im Klaren sein über

7.2. Continuar el debate – Die Diskussion fortführen

> *Por un lado – por otro lado* no se usa en descripciones, sino en análisis y argumentaciones.

¿Hay **alternativas**?	Alternativen
conclusiones?	Schlussfolgerungen
soluciones?	Lösungsmöglichkeiten
otras **opciones**?	Wahlmöglichkeiten
contraargumentos?	Gegenargumente
reparos?	Einwände
opiniones **divergentes**?	abweichend
otros **puntos de vista**?	Standpunkte

Pedro, ¿quieres	**tomar** la palabra?	ergreifen
	contestar a lo que ha dicho Ana?	antworten
	añadir algo?	hinzufügen
	contribuir con alguna idea?	beisteuern
	explicar tu opinión?	erklären
	exponer tu punto de vista?	darstellen
	decirnos qué piensas tú sobre este **asunto**?	Angelegenheit
	resumir tus ideas?	zusammenfassen

Martina,	¿**se** te **ocurre** otro argumento?	einfallen
	¿ves **las cosas** como los demás?	die Dinge
	¿qué dirías tú **al respecto**?	im Hinblick darauf
	¿quieres **darnos** un ejemplo?	liefern, geben
	¿puedes **ilustrar** / **concretar** tus argumentos con ejemplos concretos? / ideas?	veranschaulichen / konkretisieren

La frase *Tus argumentos no acaban de convencerme* equivale a *Tus argumentos no me convencen por completo* (nicht ganz).

7.3. Animar a los participantes a que contribuyan con ideas – Die Diskusionsteilnehmer ermuntern, Beiträge zu leisten

Somos todos **de**	esta opinión?	teilen
Compartimos todos	esta opinión?	teilen

¿Hay	otros **aspectos**?	Gesichtspunkte
	ventajas?	Vorteile
	desventajas?	Nachteile

¿Podemos ahora	**continuar con** otro aspecto?	weitermachen mit
	profundizar en este tema?	vertiefen
	cambiar de tema?	wechseln

¿Quién	**asiente**?	zustimmen
	quiere **contradecir**?	widersprechen
	opina **de modo distinto**?	unterschiedlich
	está de acuerdo y quién no?	einverstanden sein
	comparte esta **posición**?	Einstellung
	puede **añadir** otro argumento?	hinzufügen
	tiene dudas?	Zweifel haben

7.4. Evitar que los participantes se desvíen del tema – Verhindern, dass die Diskussionsteilnehmer vom Thema abkommen

Deberíamos	**quedarnos con** el aspecto más importante.		bleiben bei
	concentrarnos en lo esencial.		sich konzentrieren auf
	dejar	los detalles no **pertinentes al** tema.	gehören zu
		lo secundario.	das Nebensächliche
	ir al caso.		zur Sache kommen
	tratar **lo principal**.		Hauptsache

El tema de este debate **no**	**tiene nada que ver con** Estados Unidos.	nichts zu tun haben mit
	es España, **sino** Colombia.	sondern

> *Contrario* en el sentido de *Gegenteil* no es un sustantivo, sino un adjetivo. Por eso el artículo no es ***el*** sino ***lo***. ***Lo** contrario* significa *das Gegenteil*.
> *El contrario* significa *der Gegner*.

Eso	**no**	**viene** / **hace**	**al caso**.	nicht zur Sache gehören
	es	**cosa aparte**.		Sache für sich
		otro tema.		anderes Thema

Me parece que ahora	**no hace al caso** que	hablemos de ello.	nicht hierher passen
		abordemos este punto.	anschneiden, angehen

7.5. Evitar la polémica – Polemik vermeiden

Evitemos	**exageraciones**.		Übertreibungen
	falsas **generalizaciones**.		Verallgemeinerungen
	superficialidades.		Oberflächlichkeiten
	sacar conclusiones	**prematuras**	voreilig
		precipitadas.	überstürzt
	conclusiones.		Schlussfolgerungen
	fórmulas vagas.		nichtssagende Floskeln
	imputaciones.		Unterstellungen
	estereotipos.		Klischees
	acusaciones.		Anklagen
	monólogos.		Monologe
	una vision **unilateral** del asunto.		einseitig

No	te **apartes** del tema, por favor.			abweichen
	dramaticemos la situación.			dramatisieren
	generalicemos.			pauschalisieren, verallgemeinern
	hablemos de	**excepciones**, sino de la regla.		Ausnahmen
		una forma	tan **abstracta**.	abstrakt
			especulativa.	spekulativ
	seamos **hipercríticos** con lo del carnaval.			übertrieben kritisch
	os **interrumpáis**, por favor.			unterbrechen

7.6. Repartir el tiempo y resumir los resultados del debate – Die Zeit einteilen und die Diskussionsergebnisse zusammenfassen

Los siento, pero	**se** nos **está acabando** el tiempo.	ausgehen
	no nos **queda** mucho tiempo.	übrigbleiben
	se está acercando el fin de nuestro debate.	sich nähern
	tendremos que **terminar** pronto.	aufhören
	apenas quedan unos minutos.	kaum
	el tiempo ya está **agotado**.	ausgeschöpft

El tiempo ha transcurrido	muy **rápidamente**.	schnell
	en un abrir y cerrar de ojos.	im Nu

Bueno, me parece que	hemos **llegado a un acuerdo**		sich einigen
	este debate **ha**	**valido la pena**.	sich lohnen
		sacado a la luz grandes diferencias de opinión.	enthüllen, aufdecken
	ahora **conocemos** mejor las distintas posiciones.		kennen

¿Os parece que he hecho un resumen	**adecuado**?	angemessen
	justo?	fair
	objetivo?	objektiv
	completo?	vollständig

Evidentemente,	no hemos	mencionado todos los aspectos.	offensichtlich
		llegado a un consenso sobre el tema.	Übereinstimmung erzielen
	hay una gran **variedad de opiniones** al respecto.		Meinungsvielfalt

> En alemán se dice *der Grund, **warum*** o *der Grund, **weshalb*** o *der Grund, **aus dem***. En español se dice *la causa **por la cual*** o ***por la que***, *la razón **por la cual*** o ***por la que***.

zm7pw5

Kannst du mir helfen? Ich verstehe diesen Text nicht.

Worum geht's?

Um das Fitnessangebot des Hotels, für das ich mich interessiere. Das hier verstehe ich nicht.

Zeig' her. Ich hoffe, meine Spanischkenntnisse reichen aus.

Du warst doch immer die Musterschülerin …

Also gut, mal sehen: „Si lo necesita ponemos a su disposición un entrenador personal que le asesorará en la realización de ejercicios y le hará mejorar su sesión de entrenamiento."

Wirst du daraus schlau?

Das Hotel macht das Angebot, dir einen privaten Fitnesstrainer zu stellen.

Und was macht der dann?

Er berät dich bei deinen Übungen, um den Erfolg zu maximieren.

Brauch' ich zwar nicht, aber vielen Dank für deine Hilfe. Ich wusste doch, dass du mich nicht enttäuschen würdest.

De nada, amiga.

Gehen wir heute Abend eine Runde joggen?

Nur mit „entrenador personal"!

La mediación no es una forma de traducción. Usa tus propias palabras en vez de reproducir el texto. Selecciona la información relevante. Por ejemplo: "Disculpa por no llegar a tiempo, no pude llegar antes. Te prometo que la próxima vez seré puntual." Texto mediado: Pidió disculpas por llegar tarde.

8.1. Pedir ayuda – Um Hilfe bitten

¿**Podría usted**	ayudarme?	könnten Sie
	hacerme un favor?	einen Gefallen tun
	explicarme esta frase?	erklären
	traducir estas palabras?	übersetzen

¿**Cómo se dice** *Schnitzel* en español? — was heißt

Por favor, ¿qué	**significa** *alusión*?	bedeuten
	quieres decir con *inconcebible*?	sagen wollen

¿Hay un **giro** español para *im Dunkeln tappen*? — Redewendung

8.2. Ofrecer ayuda – Hilfe anbieten

Si usted no comprende algo, pregúnteme porque	el alemán es mi **lengua materna**.	Muttersprache
	soy **hablante nativo**.	Muttersprachler

8.3. Resolver problemas de comprensión – Verständnisprobleme lösen

¿Puede usted	**repetir** esta frase?	wiederholen
	explicar lo que ha dicho?	erklären
	hablar **más lento**?	langsamer

Lo que	**quiere decir** es que ha perdido su pasaporte.	sagen wollen
	pone aquí es que la entrada cuesta a partir de 15 euros.	(geschrieben) stehen

8.4. Comunicar lo que otra persona ha dicho – Das mitteilen, was jemand anders gesagt hat

Felipe	**acepta** nuestras ideas.	akzeptieren
	ha **aclarado** su posición al respecto.	klären
	apoyará nuestro plan.	unterstützen
	sabe **apreciar** nuestra ayuda.	würdigen, schätzen
	aprueba el plan.	billigen
	comparte nuestra opinión.	teilen
	va a **cooperar** con nosotros.	zusammenarbeiten

Felipe	se ha mostrado muy **cooperativo**.	kooperativ
	está a favor de nuestros planes.	befürworten
	favorece nuestro proyecto.	bevorzugen, favorisieren
	ha **mencionado** varios detalles interesantes.	erwähnen
	ofrece su ayuda.	anbieten
	tolera tu opinión.	hinnehmen
Juan	me ha **advertido** que esta empresa no será nada fácil.	warnend hinweisen
	me ha **contradicho**.	widersprechen
	critica nuestras intenciones.	kritisieren
	duda si puede ayudarnos.	bezweifeln
	dice que el plan le parece bastante **dudoso**.	zweifelhaft
	está en contra de la iniciativa.	dagegen … sein
	no **está** **de acuerdo** con nosotros.	einverstanden sein
	no **está** **conforme con** nuestras ideas.	eher ablehnend gegenüberstehen
	se niega a creer que podemos realizar este proyecto.	sich weigern
	se obstina en contradecirme.	sich versteifen
	se ha opuesto a nuestra argumentación.	widersetzen
	ha **pedido** más datos.	bitten um, verlangen
	ha dicho que el plan no le parece **practicable**.	durchführbar, praktikabel
	ha **protestado** por el trato que ha recibido.	protestieren
	se ha quejado de ti.	sich beschweren
	rechaza nuestras ideas.	ablehnen
	ha tratado de **refutar** nuestros argumentos.	widerlegen
	tiene reparos.	Bedenken haben
	sigue pensando de una manera diferente.	weiterhin
	sospecha que ya sea tarde para proyectos de este tipo.	argwöhnen
	supone que hay alternativas mejores.	vermuten

8.5. Parafrasear y resumir – Umschreiben und zusammenfassen

En otras palabras,	hay un incremento salarial del 2 por ciento para los profesores.	mit andern Worten
Dicho de otra manera,		anders ausgedrückt
Dicho de otra forma,		anders ausgedrückt
En pocas palabras,	el gobierno no apoya este proyecto de ley.	kurz gesagt
Resumiendo,		mit anderen Worten
En resumen,		zusammenfassend gesagt
En resumidas cuentas,		zusammenfassend gesagt

4dr7v6

Hola, Rafaela. ¿Cómo estás?

Muy bien, ¿y tú?

Bien también. ¿Te has acostumbrado ya un poco a la vida del colegio?

Sí, aunque a veces no es fácil.

¿Hay problemas?

Bueno…. en clase todavía no comprendo mucho, especialmente en la clase de química.

¡Eso no me sorprende! Es muy difícil. ¡Y, además, el Señor Gómez tiene un acento andaluz que tira para atrás! Y habla muy bajito. Y… ya sabes que tartamudea un poco…

¿"Tira para atrás"? ¿Qué significa eso?

Que es un acento muy difícil de entender.

Bueno…. espero que llegue el día en que lo comprenda mejor. Pues… el colegio me gusta mucho y todo el mundo es muy amable conmigo.

Me alegro de oírlo. Ah, suena el timbre, ¡otra clase de química! Vamos, para practicar un poquito el "asento andalú"!

¡Y la química inorgánica!

9.1. Preparación – Vorbereitung

Buenos días, Martina, Buenas tardes, **siéntate**, por favor.	setz' dich
Tú eres Julia, ¿**verdad**?	nicht wahr
Permíteme **presentarte a** la Sra. Winter	vorstellen
¿Conoces a mi **compañera**, la Sra. Winter? **compañero**, el Sr. Müller?	 Kollegin Kollege
Nos gustaría **saber algo más** de ti. ¿Puedes **contarnos** algo de ti?	näher kennenlernen erzählen
Buenos días. **Me llamo** Julia Schneider. **Nací en** Múnich. **Tengo** 16 **años**.	 heißen geboren sein bin … alt
¿Has estado ya en algún **país** donde se hable español? **castellanohablante**? **hispanohablante**?	Land spanischsprachig spanischsprachig
¿Cuánto tiempo **llevas aprendiendo** español?	schon/bereits lernen
¿Por qué **has escogido** **te has decidido por** el español?	 wählen sich entscheiden für
Está claro que es una de las **lenguas mundiales**.	Weltsprachen
Además, las lenguas extranjeras siempre han sido mis asignaturas **preferidas**. me han **interesado** mucho.	 bevorzugt interessieren
¿Cuáles son tus **asignaturas** **favoritas**? **principales**?	 Lieblingsfächer Hauptfächer
¿Qué otras **lenguas extranjeras** aprendes aparte del español?	Fremdsprachen
¿Qué **planes** tienes para el futuro, después de la selectividad?	Pläne
Después de la selectividad me gustaría **estudiar** **medicina**. **estudiar** **biología**. **pasar** un año en el extranjero.	 Medizin studieren Biologie studieren verbringen
Antes de empezar, ¿**tienes alguna pregunta**? si tienes alguna pregunta, **no dudes en hacerla**.	 irgendwelche Fragen haben stell' sie ruhig
¿Puede usted **repetir la pregunta**? **explicarme** qué significa *franja*? hablar **más despacio**?	 Frage wiederholen erklären langsamer

No	**comprendo** **acabo de comprender**	la segunda parte de su pregunta.	nicht verstehen nicht ganz verstehen
Por favor,	**comenta** **compara** **contrasta** **destaca** **explica** **ilustra**	los dos argumentos principales.	kommentieren vergleichen gegenüberstellen herausstellen erklären veranschaulichen
Ahora	vamos a escuchar lo que tú **tienes que decir** sobre el tema, Peter. **te toca a ti**. **tú**, Martina.		zu sagen haben du bist dran du (bist dran)
Toma una de estas **tarjetas con los roles**.			Rollenkarten
Imagínate que tú eres la persona descrita.			sich vorstellen
Adopta su **punto de vista**. **Ponte en su lugar**.			Perspektive einnehmen Versetz' dich in seine/ihre Lage.
Mi **tema** es	el racismo en los campos de fútbol. una **cita** de José Martí.		Thema Zitat
Quiero hablar sobre	cuatro **puntos principales**. **los puntos clave**.		Hauptpunkte die zentralen Punkte
Para empezar, voy a hacer un **resumen**.			kurzer Überblick, Zusammenfassung
Primero **Después** **Luego** **Finalmente**	voy a hablar sobre...		zuerst dann, danach später, nachher schließlich

9.2. Hacer uso de diferentes fuentes – Unterschiedliche Quellen verwenden

9.2.1. Presentar un texto – Einen Text vorstellen

Al presentar un texto en un examen oral, deberías diferenciar entre las respuestas. Procura que estén bien separadas y trata cada una de una manera bien estructurada. En los resúmenes no se mencionan ni citas ni líneas, en las otras respuestas son indispensables. Al resumir textos literarios, se usa el presente. A veces, los estudiantes cometen el error de utilizar los tiempos del pasado hablando en forma retrospectiva sobre un cuento o una novela que era uno de los temas del curso.

Este texto fue **escrito** por Carlos Figueras.	schreiben
Este texto fue **publicado** el 5 de mayo de 2015.	veröffentlichen
Este texto es un **fragmento** de un artículo.	Ausschnitt
Este texto es la **primera parte** de un artículo.	Anfangsteil
Este texto es un **editorial periodístico** publicado en el (periódico) ABC.	Leitartikel
Este texto es una parte de un **reportaje** sobre Cuba.	Reportage
Este texto es un texto **narrativo**.	erzählerisch, Erzähl-
Este texto es **parte de una novela**.	Romanauszug
Mi tarea es **resumir** el texto.	zusammenfassen
Mi tarea es hacer un **resumen**.	Inhaltsangabe
Mi tarea es analizar el **lenguaje** del autor.	Sprachgebrauch
Mi tarea es explicar el **punto de vista narrativo**.	Erzählperspektive
Mi tarea es **comparar** este texto con los otros cuentos que leímos.	vergleichen
Mi tarea es **comentar** la opinión del autor.	kommentieren
El artículo **se compone de** cinco partes.	bestehen aus
El artículo se puede **dividir en** cinco partes.	unterteilen in
El autor se sirve de varias técnicas para **ofrecernos un relato realista** de la situación.	wirklichkeitsgetreues Bild geben
El autor se sirve de cinco **ejemplos de la vida cotidiana**.	Beispiele aus dem Alltagsleben
El artículo contiene varias citas presentadas en **oración directa**.	direkte Rede
El artículo contiene varias citas de **testigos presenciales**.	Augenzeugen
El artículo contiene varias citas que **corroboran** el análisis del autor.	unterstützen, belegen
El artículo **trata del** fraude en Internet.	behandeln
El artículo **se ocupa del** fraude en Internet.	sich beschäftigen mit
El autor **comienza destacando** que el fraude en Internet es un crimen muy serio.	zunächst darauf hinweisen
Al inicio del artículo, el autor nos informa sobre crímenes cometidos a través de las **redes sociales**.	zu Beginn soziale Netzwerke
Después, el periodista presenta varios **datos estadísticos** al respecto.	statistische Daten
Luego, siguen **ejemplos concretos**.	konkrete (Einzel-)Beispiele
Después, el periodista cita parte de una **entrevista a** un experto conocido.	Interview mit
En la última parte, el autor llega a su **conclusión**.	Schlussfolgerung
En el último párrafo, el autor se atreve a dar un **pronóstico** para el año que viene.	Prognose, Vorhersage

El estilo es	**coloquial**.	umgangssprachlich
	complicado.	kompliziert
	directo.	direkt
	formal.	förmlich
	nominal.	*charakterisiert durch die häufige Verwendung von Substantiven*
	preciso y claro.	präzise und deutlich
	sencillo.	schlicht
	variado.	abwechslungsreich

La autora utiliza	varios **recursos estilísticos**.		Stilmittel
	una	**terminología** muy exacta.	Begrifflichkeit, Terminologie
	una	**serie** de argumentos para apoyar su postura.	Reihe
	dos **acepciones** del término *castas*.		Bedeutungen
	cuatro **fuentes principales de información**.		Hauptinformationsquellen

9.2.2. Presentar materiales visuales: imágenes y películas – Bildmaterial vorstellen: Abbildungen und Filme

Se trata de	una **foto**	**en blanco y negro**.	Schwarzweißfoto
	un **dibujo**	**en blanco y negro**.	Zeichnung
	una **caricatura**.		Karikatur
	un **mapa** de Bolivia.		(geografische) Karte

Esta foto	fue probablemente	**sacada** en Nueva York.	machen
	fue probablemente	**manipulada**.	fälschen
	fue probablemente	**retocada**.	retuschieren
	muestra la Puerta de Alcalá.		zeigen

En primer plano,	se encuentran / aparecen	edificios enormes. / varias personas.	im Vordergrund
En segundo plano,			im Hintergrund
Al fondo,			im Hintergrund
En el centro,			in der Mitte
En medio,			in der Mitte
Completamente a la izquierda,			ganz links, links außen

El anuncio es	**llamativo**.	ins Auge springen
	algo especial.	etwas Besonderes
	ingenioso.	einfallsreich
	ocurrente.	einfallsreich
	original.	originell
	bastante conocido.	recht bekannt
	sorprendente.	überraschend
	escandaloso.	schockierend, skandalös

La caricatura es	**asquerosa** y su autor debería avergonzarse.	ekelhaft
	buenísima.	wirklich gelungen
	cómica.	lustig
	muy **graciosa**.	witzig
	poco original.	wenig einfallsreich

El caricaturista	**alude a** un hecho político.	anspielen auf
	critica la nueva ley.	kritisieren
	exagera.	übertreiben
	quiere **invitar a la reflexión**.	einen Denkanstoß geben

La escena que acabo de ver es parte de	una **comedia**.	Komödie
	un **vídeo de YouTube**.	Videoclip von YouTube
	un **largometraje**.	Spielfilm
	un **cortometraje**.	Kurzfilm
	una **película de acción**.	Actionfilm
	un **documental**.	Dokumentarfilm
	un **anuncio publicitario**.	Werbespot

Se puede ver	una **conversación**	entre una madre y su hija de 16 años.	Unterhaltung
	un **diálogo**		Dialog
	un **debate**		Diskussion
	una **disputa**		Streit
	una **discusión**		Zusammenprall

Javier Bardem **interpreta**	**el papel principal**.	die Hauptrolle spielen
	un papel secundario.	eine Nebenrolle spielen

En esta escena, el **protagonista**	habla con su hermana.	Hauptheld
	anda por una calle.	gehen
	se encuentra con un amigo.	jdn treffen

Se trata de una	**retrospectiva**.	Rückblick, Flashback
	anticipación.	Vorwegnahme

Vemos a José desde la **perspectiva**	**de la rana**.	Froschperspektive
	del pájaro.	Vogelperspektive

La cámara	**enfoca**	al protagonista.	fokussiert
	sigue		folgt

Fernando está visto **desde**	**abajo**.	von unten
	arriba.	von oben

La escena tiene una **función clave** en esta película.	Schlüsselfunktion

La cámara	se	**acerca**.	sich nähern
		aleja	sich entfernen
	hace un **movimiento circular**.		kreisförmige Bewegung
	enfoca las manos de Luis.		fokussieren
	sigue al protagonista.		folgen

Los	**ángulos**	de la cámara son muy importantes	Kamerawinkel
	planos		Einstellungsgrößen

El ángulo de la cámara es el **ángulo**	**bajo**.	Untersicht
	recto.	Normalsicht
	alto.	Aufsicht

9.2.3. Presentar materiales visuales: diagramas y curvas – Bildmaterial vorstellen: Diagramme und Kurven

Este **diagrama** fue publicado en El Mundo, el 6 de octubre de 2014. — Diagramm

Este **gráfico de líneas**	muestra una tendencia bien clara.	Linien-, Kurvendiagramm
Este **diagrama de barras verticales**	documenta un proceso alarmante.	Säulendiagramm
Este **diagrama de barras horizontales**		Balkendiagramm
Este **gráfico circular**		Kreis-, Tortendiagramm
Este **organigrama**		Flussdiagramm
Este **diagrama de árbol**		Baumdiagramm

Este diagrama muestra un	**considerable**	aumento de la productividad.	beachtlich
	constante		stetig
	gradual		allmählich, schrittweise
	lento		langsam
	rápido		schnell
	fuerte		scharf, stark
	ligero		leicht
	dramático		dramatisch
	masivo		gewaltig

Este diagrama se compone de	un **título**,	Titel
	un **eje** vertical,	Achse
	una **escala de tiempo**,	Zeitskala
	la **leyenda**,	Legende
	y una **barra**.	Säule

Según el diagrama, el número de turistas internacionales en las Baleares	ha **subido**.	steigen
	ha descendido.	fallen
	está aumentando.	allmählich steigen

9.3. Realizar juegos de rol – Rollenspiele ausführen

9.3.1. De estudiante buscando trabajo – Als Student auf Arbeitssuche

> Eres un estudiante alemán/una estudiante alemana que quiere trabajar en las vacaciones de verano en un hotel madrileño.

Muchas gracias por	la **invitación** **haberme invitado**	a la entrevista.	Einladung eingeladen zu haben
Me	**alegro de** **gusta mucho**	que me hayan invitado a esta entrevista.	sich freuen sehr gefallen
Esta oferta de trabajo	me **ha llamado la atención** me parece muy **atractiva**	porque…	Aufmerksamkeit erregen attraktiv

Ya	he **trabajado de** recepcionista en una pensión alemana. **tengo experiencia** en el sector hotelero. **conozco** este tipo de trabajo.	arbeiten als Erfahrung haben kennen

Usted no tiene experiencia con el trabajo en un hotel de estas **dimensiones**, ¿verdad?	Größenordnung
¿No **subestima** usted la diferencia de nivel entre una pequeña pensión y un hotel internacional de cuatro estrellas?	unterschätzen

Es que me gustaría	**tener más experiencia práctica** en **saber** más sobre	el sector hotelero.	praktische Erfahrung wissen, erfahren, lernen

¿Está usted seguro de que sus **conocimientos de la lengua** son suficientes?	Sprachkenntnisse

Bueno, no hablo el castellano perfectamente, pero	ya he estado en España varias veces y conozco el **español coloquial**. **sé defenderme**. no creo que vaya a tener verdaderos **problemas de comunicación**. haré todo lo necesario para **perfeccionar** mi español.	spanische Umgangssprache ausreichende Sprachkenntnisse haben Verständigungsprobleme vervollkommnen, verbessern

Además, tengo **conocimientos básicos** de otros dos **idiomas**: el inglés y el francés.	Grundkenntnisse Sprachen

9.3.2. De estudiante en un colegio – Als Austauschschüler an einer Schule

Eres un estudiante alemán/una estudiante alemana que pasa seis meses en un instituto en Málaga, Andalucía. Vives con una familia española. En la primera semana de tu estancia, llegas a conocer a un estudiante del instituto, Carlos, que te explica varias cosas importantes sobre el instituto.

Carlos	**va al**	instituto Carlos III.	(zur Schule) gehen
	es alumno del		Schüler sein

La mayoría de los estudiantes va al colegio	**a pie**.	zu Fuß
	en autobús.	mit dem Bus

El lunes, a las ocho y cuarto, Carlos tiene	**Lengua Castellana**.	Spanischunterricht
	Matemáticas.	Mathematik
	Tecnología.	Technikunterricht

Por la tarde, los alumnos tienen	**Educación Física**.	Sportunterricht
	Ciencias Sociales.	Sozialwissenschaft

El colegio	dispone de	**instalaciones deportivas** muy completas.	Sporteinrichtungen
		una **biblioteca** muy amplia.	Bibliothek
		varios **laboratorios**.	Laboratorien
		comedor.	Speisesaal, Mensa
		salón de actos.	Aula
	destaca en **actividades extraescolares**.		außerunterrichtliche Aktivitäten

Según las reglas del instituto, hay que	ser **puntuales**.	pünktlich
	saludar al entrar a clase.	grüßen
	ayudar a los compañeros.	helfen
	valorar el trabajo bien hecho.	anerkennen
	levantar la mano para hablar en clase.	aufzeigen
	mantener la clase **limpia**.	sauber halten
	colocar las sillas antes de salir.	hochstellen

10 | Evaluando – Feedback geben

2z75sy

¡Tu ponencia ha sido un gran éxito!

¿De verdad?

Sí, todos pensamos así.

Me encanta oírlo.

El problema de muchas presentaciones es que la estructura es confusa, pero tú has presentado todo de forma muy clara.

¿Piensas que he mencionado todos los aspectos importantes?

Sí, me parece que ahora sabemos todo lo necesario sobre los niños de la calle.

Ya sabes que el problema siempre es escoger lo esencial y dejar aparte los detalles innecesarios.

Sí, y eso lo has hecho perfectamente.

Muchas gracias por tu amabilidad. Invertí tanto trabajo en esta ponencia…

De nada, es la verdad. ¡Hasta luego!

¡Hasta ahora!

10.1. Comentarios positivos – Positive Kommentare

¡**Muy bien**!	Sehr gut!
¡**Bravo**!	Bravo!
¡**Fantástico**!	Fantastisch!
¡**Maravilloso**!	Wunderbar!
¡**Perfecto**!	Perfekt!
¡**Exactamente**!	Genau!
¡**Excelente**!	Hervorragend!
¡**Extraordinario**!	Außergewöhnlich!
¡**Insuperable**!	Unübertrefflich!

Tu ponencia ha sido	muy	**informativa**.	informativ
		bien **estructurada**.	gegliedert
		convincente.	überzeugend
		objetiva.	sachlich
	impresionante.		eindrucksvoll
	un gran **éxito**.		Erfolg

Vuestro juego de roles ha sido	muy	**auténtico**.	echt
		creativo.	kreativ
		rico en ideas.	ideenreich
		bien preparado.	gut vorbereitet
		convincente.	überzeugend
		divertido.	unterhaltsam
	un **placer**.		Vergnügen
	algo muy especial.		etwas ganz Besonderes

Tu powerpoint	ha sido **breve y claro**.	kurz und bündig
	captó nuestra atención.	fesselte

10.2. Comentarios críticos – Kritische Kommentare

¡**Muy mal**!	Sehr schlecht!
¡**Malísimo**!	Äußerst schlecht!
¡**Una pérdida de tiempo**!	Zeitverschwendung!
¡**Un fracaso total**!	Ein totaler Reinfall!
¡**Una catástrofe**!	Eine Katastrophe!

Tu ponencia ha sido	demasiado	**larga**.	lang
		detallada.	detailliert
	poco **clara**.		klar
	difícilmente comprensible.		schwer zu begreifen
	prolija.		weitschweifig
	decepcionante.		enttäuschend

Gran parte de tu charla estaba	mal **estructurada**.	gegliedert
	basada solo en **conjeturas**.	Mutmaßungen

No creo que tu análisis haya sido lo necesariamente **profundo**.	tiefschürfend
No creo que tu análisis haya sido lo necesariamente **exhaustivo**.	erschöpfend
No creo que hayas **logrado** tus **objetivos**.	Ziele erreichen
No creo que hayas **comprendido** tú mismo/-a todos los aspectos del tema.	verstehen
No creo que hayas **hayas conseguido** despertar el interés de tu público.	etw. schaffen

Vuestro juego de roles ha sido muy **aburrido**.	einfallslos
Vuestro juego de roles ha sido poco **adecuado**.	angemessen
Vuestro juego de roles ha sido poco **convincente**.	überzeugend
Vuestro juego de roles ha sido poco **natural**.	natürlich
Vuestro juego de roles ha sido **confuso**.	konfus
Vuestro juego de roles ha sido un **lío**.	Durcheinander

Te has **contradicho** de forma dramática.	sich widersprechen
Te has **desviado** del tema	abschweifen
Te has **perdido** en detalles innecesarios.	sich verlieren
Te has **olvidado** de varios aspectos esenciales.	vergessen
Te has **repetido** varias veces.	wiederholen

10.3. Propuestas de mejora – Verbesserungsvorschläge

La próxima vez deberías **prepararte** mejor.	sich vorbereiten
La próxima vez deberías utilizar **fuentes de información** más variadas.	Informationsquellen
La próxima vez deberías hablar **más alto**.	lauter
La próxima vez deberías hablar **más claro**.	deutlicher
La próxima vez deberías **vocalizar** al hablar.	die Vokale deutlich aussprechen
La próxima vez deberías **expresarte con más precisión**.	sich präziser ausdrücken
La próxima vez deberías utilizar más **citas**.	Zitate
La próxima vez deberías presentar las citas más importantes **en oración directa**.	direkte Rede
La próxima vez deberías **repartir** el tiempo mejor que hoy.	einteilen
La próxima vez deberías **enfocar** el tema **desde otra perspectiva**.	aus einem anderem Blickwinkel betrachten
La próxima vez deberías mencionar **las ventajas y desventajas** del proyecto.	Vor- und Nachteile
La próxima vez deberías **hacer un resumen** al final.	Zusammenfassung liefern
La próxima vez deberías usar un **micrófono**.	Mikrofon
La próxima vez deberías hacer uso del **retroproyector**.	Overhead-Projektor

Hay que evitar **redundancias**.	überflüssige Aussagen
Hay que evitar **repeticiones innecesarias**.	unnötige Wiederholungen
Hay que evitar **la polémica**.	Polemik, Unsachlichkeit

Es importante **Te aconsejo**	que	hagas más uso de **estadísticas**.	Statistiken raten
		presentes más ejemplos.	liefern
		no te pierdas en **pormenores**.	Einzelheiten

10.4. Reacciones – Reaktionen

Muchas gracias por	su crítica tan	**abierta**.	offen
		favorable.	günstig
		útil.	nützlich, hilfreich
		constructiva.	konstruktiv
		valiosa.	wertvoll
	sus **consejos**.		Ratschläge

Procuraré	prepararme mejor.	darauf achten
	no volver a **cometer** el mismo **error**.	Fehler machen
	seguir sus consejos.	befolgen

11 | Index

11.1. Español – Alphabetisches Verzeichnis der spanischen Stichwörter

F

11.2. Alemán – Alphabetisches Verzeichnis der deutschen Stichwörter